Modern Akan Verbs

Master the simple tenses of the Akan language

Modern Akan Verbs
Master the simple tenses of the Akan language

kasahorow Editors

Nadika III

Printing 1
Spelling convention: Modern Akan
© kasahorow

Contents

1 **Regular Verbs** vii
   ba - come 1
   bisa - ask 2
   boa - help 3
   buei - open 4
   da - sleep 5
   da ase - thank 6
   di - eat 7
   di ... kan - lead 8
   di agoro - play 9
   dɔ - love 10
   dwene - think 11
   fa - take 12
   fa ... ba - bring 13
   fow - climb 14
   frɛ - call 15
   gyae - stop 16
   gye ... di - believe 17
   gyina - stand 18
   hata - dry 19
   hia - need 20
   horo - wash 21

hu - see	22
hua - smell	23
huei - pour	24
hunti - sneeze	25
huruw - jump	26
huw - blow	27
hwehwɛ - find	28
hwɛ - look	29
hyɛ ase - start	30
hyia - meet	31
ka - speak	32
kae - remember	33
kasa - talk	34
kenkan - read	35
kleke - click	36
kɔ - go	37
ku - kill	38
kye - catch	39
kyerɛ - teach	40
kyerɛw - write	41
kyɛ - share	42
kyia - greet	43
kyiri - hate	44
ma - give	45
ma - let	46
nantew - walk	47
noa - cook	48
nom - drink	49
nyim - know	50
nyin - grow	51
pɛ - want	52
pia - push	53
sa - finish	54

sa - heal	55
saw - dance	56
se - say	57
serew - laugh	58
sese - measure	59
sɛe - destroy	60
si - wash	61
si - build	62
soa - carry	63
soɛr - rise	64
soɛre - rise	65
soma - send	66
su - cry	67
sua - learn	68
susu - measure	69
te - live	70
te - hear	71
te ... ase - understand	72
tena - sit	73
tow - throw	74
tow - sing	75
tow ... mu - close	76
tɔ - buy	77
tɔ - fall	78
tɔn - sell	79
tu - fly	80
tu nguan - run	81
twa - cut	82
twe - pull	83
tweɔn - wait	84
ware - marry	85
wia - steal	86
woo - birth	87

wosow - shake	88
wɔ - have	89
wu - die	90
yɛ - make	91
yɛ - do	92
yɛ - be	93
Akan kasahorow	95

Chapter 1

Regular Verbs

Practice makes perfect.

So master the basic tenses by practicing with these regular verbs.

The Present Tense of each verb is conjugated as an example.

Go on and conjugate boldly!

kasahorow

ba - come

TODAY
me reba [I am coming]
wo reba [you are coming]
ɔ reba [she is coming]
yɛ reba [we are coming]
mo reba [you and you are coming]
wɔ reba [they are coming]

YESTERDAY
me baee [I came]
wo baee [you came]
ɔ baee [she came]
yɛ baee [we came]
mo baee [you and you came]
wɔ baee [they came]

TOMORROW
me bɛba [I will come]
wo bɛba [you will come]
ɔ bɛba [she will come]
yɛ bɛba [we will come]
mo bɛba [you and you will come]
wɔ bɛba [they will come]

bisa - ask

TODAY
me rebisa [I am asking]
wo rebisa [you are asking]
ɔ rebisa [she is asking]
yɛ rebisa [we are asking]
mo rebisa [you and you are asking]
wɔ rebisa [they are asking]

YESTERDAY
me bisaee [I asked]
wo bisaee [you asked]
ɔ bisaee [she asked]
yɛ bisaee [we asked]
mo bisaee [you and you asked]
wɔ bisaee [they asked]

TOMORROW
me bɛbisa [I will ask]
wo bɛbisa [you will ask]
ɔ bɛbisa [she will ask]
yɛ bɛbisa [we will ask]
mo bɛbisa [you and you will ask]
wɔ bɛbisa [they will ask]

boa - help

TODAY
me reboa [I am helping]
wo reboa [you are helping]
ɔ reboa [she is helping]
yɛ reboa [we are helping]
mo reboa [you and you are helping]
wɔ reboa [they are helping]

YESTERDAY
me boaee [I helped]
wo boaee [you helped]
ɔ boaee [she helped]
yɛ boaee [we helped]
mo boaee [you and you helped]
wɔ boaee [they helped]

TOMORROW
me bɛboa [I will help]
wo bɛboa [you will help]
ɔ bɛboa [she will help]
yɛ bɛboa [we will help]
mo bɛboa [you and you will help]
wɔ bɛboa [they will help]

buei - open

TODAY
me rebuei [I am opening]
wo rebuei [you are opening]
ɔ rebuei [she is opening]
yɛ rebuei [we are opening]
mo rebuei [you and you are opening]
wɔ rebuei [they are opening]

YESTERDAY
me bueiee [I opened]
wo bueiee [you opened]
ɔ bueiee [she opened]
yɛ bueiee [we opened]
mo bueiee [you and you opened]
wɔ bueiee [they opened]

TOMORROW
me bɛbuei [I will open]
wo bɛbuei [you will open]
ɔ bɛbuei [she will open]
yɛ bɛbuei [we will open]
mo bɛbuei [you and you will open]
wɔ bɛbuei [they will open]

da - sleep

TODAY
me reda [I am sleeping]
wo reda [you are sleeping]
ɔ reda [she is sleeping]
yɛ reda [we are sleeping]
mo reda [you and you are sleeping]
wɔ reda [they are sleeping]

YESTERDAY
me daee [I slept]
wo daee [you slept]
ɔ daee [she slept]
yɛ daee [we slept]
mo daee [you and you slept]
wɔ daee [they slept]

TOMORROW
me bɛda [I will sleep]
wo bɛda [you will sleep]
ɔ bɛda [she will sleep]
yɛ bɛda [we will sleep]
mo bɛda [you and you will sleep]
wɔ bɛda [they will sleep]

da ase - thank

TODAY
me reda ase [I am thanking]
wo reda ase [you are thanking]
ɔ reda ase [she is thanking]
yɛ reda ase [we are thanking]
mo reda ase [you and you are thanking]
wɔ reda ase [they are thanking]

YESTERDAY
me da aseee [I thanked]
wo da aseee [you thanked]
ɔ da aseee [she thanked]
yɛ da aseee [we thanked]
mo da aseee [you and you thanked]
wɔ da aseee [they thanked]

TOMORROW
me bɛda ase [I will thank]
wo bɛda ase [you will thank]
ɔ bɛda ase [she will thank]
yɛ bɛda ase [we will thank]
mo bɛda ase [you and you will thank]
wɔ bɛda ase [they will thank]

di - eat

TODAY
me redi [I am eating]
wo redi [you are eating]
ɔ redi [she is eating]
yɛ redi [we are eating]
mo redi [you and you are eating]
wɔ redi [they are eating]

YESTERDAY
me diee [I ate]
wo diee [you ate]
ɔ diee [she ate]
yɛ diee [we ate]
mo diee [you and you ate]
wɔ diee [they ate]

TOMORROW
me bɛdi [I will eat]
wo bɛdi [you will eat]
ɔ bɛdi [she will eat]
yɛ bɛdi [we will eat]
mo bɛdi [you and you will eat]
wɔ bɛdi [they will eat]

di ... kan - lead

TODAY
me redi ... kan [I am leading]
wo redi ... kan [you are leading]
ɔ redi ... kan [she is leading]
yɛ redi ... kan [we are leading]
mo redi ... kan [you and you are leading]
wɔ redi ... kan [they are leading]

YESTERDAY
me di ... kanee [I led]
wo di ... kanee [you led]
ɔ di ... kanee [she led]
yɛ di ... kanee [we led]
mo di ... kanee [you and you led]
wɔ di ... kanee [they led]

TOMORROW
me bɛdi ... kan [I will lead]
wo bɛdi ... kan [you will lead]
ɔ bɛdi ... kan [she will lead]
yɛ bɛdi ... kan [we will lead]
mo bɛdi ... kan [you and you will lead]
wɔ bɛdi ... kan [they will lead]

di agoro - play

TODAY
me redi agoro [I am playing]
wo redi agoro [you are playing]
ɔ redi agoro [she is playing]
yɛ redi agoro [we are playing]
mo redi agoro [you and you are playing]
wɔ redi agoro [they are playing]

YESTERDAY
me di agoroee [I played]
wo di agoroee [you played]
ɔ di agoroee [she played]
yɛ di agoroee [we played]
mo di agoroee [you and you played]
wɔ di agoroee [they played]

TOMORROW
me bɛdi agoro [I will play]
wo bɛdi agoro [you will play]
ɔ bɛdi agoro [she will play]
yɛ bɛdi agoro [we will play]
mo bɛdi agoro [you and you will play]
wɔ bɛdi agoro [they will play]

dɔ - love

TODAY
me redɔ [I am loving]
wo redɔ [you are loving]
ɔ redɔ [she is loving]
yɛ redɔ [we are loving]
mo redɔ [you and you are loving]
wɔ redɔ [they are loving]

YESTERDAY
me dɔee [I loved]
wo dɔee [you loved]
ɔ dɔee [she loved]
yɛ dɔee [we loved]
mo dɔee [you and you loved]
wɔ dɔee [they loved]

TOMORROW
me bɛdɔ [I will love]
wo bɛdɔ [you will love]
ɔ bɛdɔ [she will love]
yɛ bɛdɔ [we will love]
mo bɛdɔ [you and you will love]
wɔ bɛdɔ [they will love]

dwene - think

TODAY
me redwene [I am thinking]
wo redwene [you are thinking]
ɔ redwene [she is thinking]
yɛ redwene [we are thinking]
mo redwene [you and you are thinking]
wɔ redwene [they are thinking]

YESTERDAY
me dweneee [I thought]
wo dweneee [you thought]
ɔ dweneee [she thought]
yɛ dweneee [we thought]
mo dweneee [you and you thought]
wɔ dweneee [they thought]

TOMORROW
me bɛdwene [I will think]
wo bɛdwene [you will think]
ɔ bɛdwene [she will think]
yɛ bɛdwene [we will think]
mo bɛdwene [you and you will think]
wɔ bɛdwene [they will think]

fa - take

TODAY
me refa [I am taking]
wo refa [you are taking]
ɔ refa [she is taking]
yɛ refa [we are taking]
mo refa [you and you are taking]
wɔ refa [they are taking]

YESTERDAY
me faee [I took]
wo faee [you took]
ɔ faee [she took]
yɛ faee [we took]
mo faee [you and you took]
wɔ faee [they took]

TOMORROW
me bɛfa [I will take]
wo bɛfa [you will take]
ɔ bɛfa [she will take]
yɛ bɛfa [we will take]
mo bɛfa [you and you will take]
wɔ bɛfa [they will take]

fa ... ba - bring

TODAY
me refa ... ba [I am bringing]
wo refa ... ba [you are bringing]
ɔ refa ... ba [she is bringing]
yɛ refa ... ba [we are bringing]
mo refa ... ba [you and you are bringing]
wɔ refa ... ba [they are bringing]

YESTERDAY
me fa ... baee [I brought]
wo fa ... baee [you brought]
ɔ fa ... baee [she brought]
yɛ fa ... baee [we brought]
mo fa ... baee [you and you brought]
wɔ fa ... baee [they brought]

TOMORROW
me bɛfa ... ba [I will bring]
wo bɛfa ... ba [you will bring]
ɔ bɛfa ... ba [she will bring]
yɛ bɛfa ... ba [we will bring]
mo bɛfa ... ba [you and you will bring]
wɔ bɛfa ... ba [they will bring]

fow - climb

TODAY
me refow [I am climbeing]
wo refow [you are climbeing]
ɔ refow [she is climbeing]
yɛ refow [we are climbeing]
mo refow [you and you are climbeing]
wɔ refow [they are climbeing]

YESTERDAY
me fowee [I climbed]
wo fowee [you climbed]
ɔ fowee [she climbed]
yɛ fowee [we climbed]
mo fowee [you and you climbed]
wɔ fowee [they climbed]

TOMORROW
me bɛfow [I will climb]
wo bɛfow [you will climb]
ɔ bɛfow [she will climb]
yɛ bɛfow [we will climb]
mo bɛfow [you and you will climb]
wɔ bɛfow [they will climb]

frɛ - call

TODAY
me refrɛ [I am calling]
wo refrɛ [you are calling]
ɔ refrɛ [she is calling]
yɛ refrɛ [we are calling]
mo refrɛ [you and you are calling]
wɔ refrɛ [they are calling]

YESTERDAY
me frɛee [I called]
wo frɛee [you called]
ɔ frɛee [she called]
yɛ frɛee [we called]
mo frɛee [you and you called]
wɔ frɛee [they called]

TOMORROW
me bɛfrɛ [I will call]
wo bɛfrɛ [you will call]
ɔ bɛfrɛ [she will call]
yɛ bɛfrɛ [we will call]
mo bɛfrɛ [you and you will call]
wɔ bɛfrɛ [they will call]

gyae - stop

TODAY
me regyae [I am stopping]
wo regyae [you are stopping]
ɔ regyae [she is stopping]
yɛ regyae [we are stopping]
mo regyae [you and you are stopping]
wɔ regyae [they are stopping]

YESTERDAY
me gyaeee [I stopped]
wo gyaeee [you stopped]
ɔ gyaeee [she stopped]
yɛ gyaeee [we stopped]
mo gyaeee [you and you stopped]
wɔ gyaeee [they stopped]

TOMORROW
me bɛgyae [I will stop]
wo bɛgyae [you will stop]
ɔ bɛgyae [she will stop]
yɛ bɛgyae [we will stop]
mo bɛgyae [you and you will stop]
wɔ bɛgyae [they will stop]

gye ... di - believe

TODAY
me regye ... di [I am believing]
wo regye ... di [you are believing]
ɔ regye ... di [she is believing]
yɛ regye ... di [we are believing]
mo regye ... di [you and you are believing]
wɔ regye ... di [they are believing]

YESTERDAY
me gye ... diee [I believed]
wo gye ... diee [you believed]
ɔ gye ... diee [she believed]
yɛ gye ... diee [we believed]
mo gye ... diee [you and you believed]
wɔ gye ... diee [they believed]

TOMORROW
me bɛgye ... di [I will believe]
wo bɛgye ... di [you will believe]
ɔ bɛgye ... di [she will believe]
yɛ bɛgye ... di [we will believe]
mo bɛgye ... di [you and you will believe]
wɔ bɛgye ... di [they will believe]

gyina - stand

TODAY
me regyina [I am standing]
wo regyina [you are standing]
ɔ regyina [she is standing]
yɛ regyina [we are standing]
mo regyina [you and you are standing]
wɔ regyina [they are standing]

YESTERDAY
me gyinaee [I stood]
wo gyinaee [you stood]
ɔ gyinaee [she stood]
yɛ gyinaee [we stood]
mo gyinaee [you and you stood]
wɔ gyinaee [they stood]

TOMORROW
me bɛgyina [I will stand]
wo bɛgyina [you will stand]
ɔ bɛgyina [she will stand]
yɛ bɛgyina [we will stand]
mo bɛgyina [you and you will stand]
wɔ bɛgyina [they will stand]

hata - dry

TODAY
me rehata [I am drying]
wo rehata [you are drying]
ɔ rehata [she is drying]
yɛ rehata [we are drying]
mo rehata [you and you are drying]
wɔ rehata [they are drying]

YESTERDAY
me hataee [I dried]
wo hataee [you dried]
ɔ hataee [she dried]
yɛ hataee [we dried]
mo hataee [you and you dried]
wɔ hataee [they dried]

TOMORROW
me bɛhata [I will dry]
wo bɛhata [you will dry]
ɔ bɛhata [she will dry]
yɛ bɛhata [we will dry]
mo bɛhata [you and you will dry]
wɔ bɛhata [they will dry]

hia - need

TODAY
me rehia [I am needing]
wo rehia [you are needing]
ɔ rehia [she is needing]
yɛ rehia [we are needing]
mo rehia [you and you are needing]
wɔ rehia [they are needing]

YESTERDAY
me hiaee [I needed]
wo hiaee [you needed]
ɔ hiaee [she needed]
yɛ hiaee [we needed]
mo hiaee [you and you needed]
wɔ hiaee [they needed]

TOMORROW
me bɛhia [I will need]
wo bɛhia [you will need]
ɔ bɛhia [she will need]
yɛ bɛhia [we will need]
mo bɛhia [you and you will need]
wɔ bɛhia [they will need]

horo - wash

TODAY
me rehoro [I am washing]
wo rehoro [you are washing]
ɔ rehoro [she is washing]
yɛ rehoro [we are washing]
mo rehoro [you and you are washing]
wɔ rehoro [they are washing]

YESTERDAY
me horoee [I washed]
wo horoee [you washed]
ɔ horoee [she washed]
yɛ horoee [we washed]
mo horoee [you and you washed]
wɔ horoee [they washed]

TOMORROW
me bɛhoro [I will wash]
wo bɛhoro [you will wash]
ɔ bɛhoro [she will wash]
yɛ bɛhoro [we will wash]
mo bɛhoro [you and you will wash]
wɔ bɛhoro [they will wash]

hu - see

TODAY
me rehu [I am seeing]
wo rehu [you are seeing]
ɔ rehu [she is seeing]
yɛ rehu [we are seeing]
mo rehu [you and you are seeing]
wɔ rehu [they are seeing]

YESTERDAY
me huee [I saw]
wo huee [you saw]
ɔ huee [she saw]
yɛ huee [we saw]
mo huee [you and you saw]
wɔ huee [they saw]

TOMORROW
me bɛhu [I will see]
wo bɛhu [you will see]
ɔ bɛhu [she will see]
yɛ bɛhu [we will see]
mo bɛhu [you and you will see]
wɔ bɛhu [they will see]

hua - smell

TODAY
me rehua [I am smelling]
wo rehua [you are smelling]
ɔ rehua [she is smelling]
yɛ rehua [we are smelling]
mo rehua [you and you are smelling]
wɔ rehua [they are smelling]

YESTERDAY
me huaee [I smelled]
wo huaee [you smelled]
ɔ huaee [she smelled]
yɛ huaee [we smelled]
mo huaee [you and you smelled]
wɔ huaee [they smelled]

TOMORROW
me bɛhua [I will smell]
wo bɛhua [you will smell]
ɔ bɛhua [she will smell]
yɛ bɛhua [we will smell]
mo bɛhua [you and you will smell]
wɔ bɛhua [they will smell]

huei - pour

TODAY
me rehuei [I am pouring]
wo rehuei [you are pouring]
ɔ rehuei [she is pouring]
yɛ rehuei [we are pouring]
mo rehuei [you and you are pouring]
wɔ rehuei [they are pouring]

YESTERDAY
me hueiee [I poured]
wo hueiee [you poured]
ɔ hueiee [she poured]
yɛ hueiee [we poured]
mo hueiee [you and you poured]
wɔ hueiee [they poured]

TOMORROW
me bɛhuei [I will pour]
wo bɛhuei [you will pour]
ɔ bɛhuei [she will pour]
yɛ bɛhuei [we will pour]
mo bɛhuei [you and you will pour]
wɔ bɛhuei [they will pour]

hunti - sneeze

TODAY
me rehunti [I am sneezing]
wo rehunti [you are sneezing]
ɔ rehunti [she is sneezing]
yɛ rehunti [we are sneezing]
mo rehunti [you and you are sneezing]
wɔ rehunti [they are sneezing]

YESTERDAY
me huntiee [I sneezed]
wo huntiee [you sneezed]
ɔ huntiee [she sneezed]
yɛ huntiee [we sneezed]
mo huntiee [you and you sneezed]
wɔ huntiee [they sneezed]

TOMORROW
me bɛhunti [I will sneeze]
wo bɛhunti [you will sneeze]
ɔ bɛhunti [she will sneeze]
yɛ bɛhunti [we will sneeze]
mo bɛhunti [you and you will sneeze]
wɔ bɛhunti [they will sneeze]

huruw - jump

TODAY
me rehuruw [I am jumping]
wo rehuruw [you are jumping]
ɔ rehuruw [she is jumping]
yɛ rehuruw [we are jumping]
mo rehuruw [you and you are jumping]
wɔ rehuruw [they are jumping]

YESTERDAY
me huruwee [I jumped]
wo huruwee [you jumped]
ɔ huruwee [she jumped]
yɛ huruwee [we jumped]
mo huruwee [you and you jumped]
wɔ huruwee [they jumped]

TOMORROW
me bɛhuruw [I will jump]
wo bɛhuruw [you will jump]
ɔ bɛhuruw [she will jump]
yɛ bɛhuruw [we will jump]
mo bɛhuruw [you and you will jump]
wɔ bɛhuruw [they will jump]

huw - blow

TODAY
me rehuw [I am blowing]
wo rehuw [you are blowing]
ɔ rehuw [she is blowing]
yɛ rehuw [we are blowing]
mo rehuw [you and you are blowing]
wɔ rehuw [they are blowing]

YESTERDAY
me huwee [I blew]
wo huwee [you blew]
ɔ huwee [she blew]
yɛ huwee [we blew]
mo huwee [you and you blew]
wɔ huwee [they blew]

TOMORROW
me bɛhuw [I will blow]
wo bɛhuw [you will blow]
ɔ bɛhuw [she will blow]
yɛ bɛhuw [we will blow]
mo bɛhuw [you and you will blow]
wɔ bɛhuw [they will blow]

hwehwɛ - find

TODAY
me rehwehwɛ [I am finding]
wo rehwehwɛ [you are finding]
ɔ rehwehwɛ [she is finding]
yɛ rehwehwɛ [we are finding]
mo rehwehwɛ [you and you are finding]
wɔ rehwehwɛ [they are finding]

YESTERDAY
me hwehwɛee [I found]
wo hwehwɛee [you found]
ɔ hwehwɛee [she found]
yɛ hwehwɛee [we found]
mo hwehwɛee [you and you found]
wɔ hwehwɛee [they found]

TOMORROW
me bɛhwehwɛ [I will find]
wo bɛhwehwɛ [you will find]
ɔ bɛhwehwɛ [she will find]
yɛ bɛhwehwɛ [we will find]
mo bɛhwehwɛ [you and you will find]
wɔ bɛhwehwɛ [they will find]

hwɛ - look

TODAY
me rehwɛ [I am looking]
wo rehwɛ [you are looking]
ɔ rehwɛ [she is looking]
yɛ rehwɛ [we are looking]
mo rehwɛ [you and you are looking]
wɔ rehwɛ [they are looking]

YESTERDAY
me hwɛee [I looked]
wo hwɛee [you looked]
ɔ hwɛee [she looked]
yɛ hwɛee [we looked]
mo hwɛee [you and you looked]
wɔ hwɛee [they looked]

TOMORROW
me bɛhwɛ [I will look]
wo bɛhwɛ [you will look]
ɔ bɛhwɛ [she will look]
yɛ bɛhwɛ [we will look]
mo bɛhwɛ [you and you will look]
wɔ bɛhwɛ [they will look]

hyɛ ase - start

TODAY
me rehyɛ ase [I am starting]
wo rehyɛ ase [you are starting]
ɔ rehyɛ ase [she is starting]
yɛ rehyɛ ase [we are starting]
mo rehyɛ ase [you and you are starting]
wɔ rehyɛ ase [they are starting]

YESTERDAY
me hyɛ aseee [I started]
wo hyɛ aseee [you started]
ɔ hyɛ aseee [she started]
yɛ hyɛ aseee [we started]
mo hyɛ aseee [you and you started]
wɔ hyɛ aseee [they started]

TOMORROW
me bɛhyɛ ase [I will start]
wo bɛhyɛ ase [you will start]
ɔ bɛhyɛ ase [she will start]
yɛ bɛhyɛ ase [we will start]
mo bɛhyɛ ase [you and you will start]
wɔ bɛhyɛ ase [they will start]

hyia - meet

TODAY
me rehyia [I am meeting]
wo rehyia [you are meeting]
ɔ rehyia [she is meeting]
yɛ rehyia [we are meeting]
mo rehyia [you and you are meeting]
wɔ rehyia [they are meeting]

YESTERDAY
me hyiaee [I met]
wo hyiaee [you met]
ɔ hyiaee [she met]
yɛ hyiaee [we met]
mo hyiaee [you and you met]
wɔ hyiaee [they met]

TOMORROW
me bɛhyia [I will meet]
wo bɛhyia [you will meet]
ɔ bɛhyia [she will meet]
yɛ bɛhyia [we will meet]
mo bɛhyia [you and you will meet]
wɔ bɛhyia [they will meet]

ka - speak

TODAY
me reka [I am speaking]
wo reka [you are speaking]
ɔ reka [she is speaking]
yɛ reka [we are speaking]
mo reka [you and you are speaking]
wɔ reka [they are speaking]

YESTERDAY
me kaee [I spoke]
wo kaee [you spoke]
ɔ kaee [she spoke]
yɛ kaee [we spoke]
mo kaee [you and you spoke]
wɔ kaee [they spoke]

TOMORROW
me bɛka [I will speak]
wo bɛka [you will speak]
ɔ bɛka [she will speak]
yɛ bɛka [we will speak]
mo bɛka [you and you will speak]
wɔ bɛka [they will speak]

kae - remember

TODAY
me rekae [I am remembering]
wo rekae [you are remembering]
ɔ rekae [she is remembering]
yɛ rekae [we are remembering]
mo rekae [you and you are remembering]
wɔ rekae [they are remembering]

YESTERDAY
me kaeee [I remembered]
wo kaeee [you remembered]
ɔ kaeee [she remembered]
yɛ kaeee [we remembered]
mo kaeee [you and you remembered]
wɔ kaeee [they remembered]

TOMORROW
me bɛkae [I will remember]
wo bɛkae [you will remember]
ɔ bɛkae [she will remember]
yɛ bɛkae [we will remember]
mo bɛkae [you and you will remember]
wɔ bɛkae [they will remember]

kasa - talk

TODAY
me rekasa [I am talking]
wo rekasa [you are talking]
ɔ rekasa [she is talking]
yɛ rekasa [we are talking]
mo rekasa [you and you are talking]
wɔ rekasa [they are talking]

YESTERDAY
me kasaee [I talked]
wo kasaee [you talked]
ɔ kasaee [she talked]
yɛ kasaee [we talked]
mo kasaee [you and you talked]
wɔ kasaee [they talked]

TOMORROW
me bɛkasa [I will talk]
wo bɛkasa [you will talk]
ɔ bɛkasa [she will talk]
yɛ bɛkasa [we will talk]
mo bɛkasa [you and you will talk]
wɔ bɛkasa [they will talk]

kenkan - read

TODAY
me rekenkan [I am reading]
wo rekenkan [you are reading]
ɔ rekenkan [she is reading]
yɛ rekenkan [we are reading]
mo rekenkan [you and you are reading]
wɔ rekenkan [they are reading]

YESTERDAY
me kenkanee [I read]
wo kenkanee [you read]
ɔ kenkanee [she read]
yɛ kenkanee [we read]
mo kenkanee [you and you read]
wɔ kenkanee [they read]

TOMORROW
me bɛkenkan [I will read]
wo bɛkenkan [you will read]
ɔ bɛkenkan [she will read]
yɛ bɛkenkan [we will read]
mo bɛkenkan [you and you will read]
wɔ bɛkenkan [they will read]

kleke - click

TODAY
me rekleke [I am clicking]
wo rekleke [you are clicking]
ɔ rekleke [she is clicking]
yɛ rekleke [we are clicking]
mo rekleke [you and you are clicking]
wɔ rekleke [they are clicking]

YESTERDAY
me klekeee [I clicked]
wo klekeee [you clicked]
ɔ klekeee [she clicked]
yɛ klekeee [we clicked]
mo klekeee [you and you clicked]
wɔ klekeee [they clicked]

TOMORROW
me bɛkleke [I will click]
wo bɛkleke [you will click]
ɔ bɛkleke [she will click]
yɛ bɛkleke [we will click]
mo bɛkleke [you and you will click]
wɔ bɛkleke [they will click]

kɔ - go

TODAY
me rekɔ [I am going]
wo rekɔ [you are going]
ɔ rekɔ [she is going]
yɛ rekɔ [we are going]
mo rekɔ [you and you are going]
wɔ rekɔ [they are going]

YESTERDAY
me kɔee [I went]
wo kɔee [you went]
ɔ kɔee [she went]
yɛ kɔee [we went]
mo kɔee [you and you went]
wɔ kɔee [they went]

TOMORROW
me bɛkɔ [I will go]
wo bɛkɔ [you will go]
ɔ bɛkɔ [she will go]
yɛ bɛkɔ [we will go]
mo bɛkɔ [you and you will go]
wɔ bɛkɔ [they will go]

ku - kill

TODAY
me reku [I am killing]
wo reku [you are killing]
ɔ reku [she is killing]
yɛ reku [we are killing]
mo reku [you and you are killing]
wɔ reku [they are killing]

YESTERDAY
me kuee [I killed]
wo kuee [you killed]
ɔ kuee [she killed]
yɛ kuee [we killed]
mo kuee [you and you killed]
wɔ kuee [they killed]

TOMORROW
me bɛku [I will kill]
wo bɛku [you will kill]
ɔ bɛku [she will kill]
yɛ bɛku [we will kill]
mo bɛku [you and you will kill]
wɔ bɛku [they will kill]

kye - catch

TODAY
me rekye [I am catching]
wo rekye [you are catching]
ɔ rekye [she is catching]
yɛ rekye [we are catching]
mo rekye [you and you are catching]
wɔ rekye [they are catching]

YESTERDAY
me kyeee [I caught]
wo kyeee [you caught]
ɔ kyeee [she caught]
yɛ kyeee [we caught]
mo kyeee [you and you caught]
wɔ kyeee [they caught]

TOMORROW
me bɛkye [I will catch]
wo bɛkye [you will catch]
ɔ bɛkye [she will catch]
yɛ bɛkye [we will catch]
mo bɛkye [you and you will catch]
wɔ bɛkye [they will catch]

kyerɛ - teach

TODAY
me rekyerɛ [I am teaching]
wo rekyerɛ [you are teaching]
ɔ rekyerɛ [she is teaching]
yɛ rekyerɛ [we are teaching]
mo rekyerɛ [you and you are teaching]
wɔ rekyerɛ [they are teaching]

YESTERDAY
me kyerɛee [I taught]
wo kyerɛee [you taught]
ɔ kyerɛee [she taught]
yɛ kyerɛee [we taught]
mo kyerɛee [you and you taught]
wɔ kyerɛee [they taught]

TOMORROW
me bɛkyerɛ [I will teach]
wo bɛkyerɛ [you will teach]
ɔ bɛkyerɛ [she will teach]
yɛ bɛkyerɛ [we will teach]
mo bɛkyerɛ [you and you will teach]
wɔ bɛkyerɛ [they will teach]

kyerɛw - write

TODAY
me rekyerɛw [I am writing]
wo rekyerɛw [you are writing]
ɔ rekyerɛw [she is writing]
yɛ rekyerɛw [we are writing]
mo rekyerɛw [you and you are writing]
wɔ rekyerɛw [they are writing]

YESTERDAY
me kyerɛwee [I wrote]
wo kyerɛwee [you wrote]
ɔ kyerɛwee [she wrote]
yɛ kyerɛwee [we wrote]
mo kyerɛwee [you and you wrote]
wɔ kyerɛwee [they wrote]

TOMORROW
me bɛkyerɛw [I will write]
wo bɛkyerɛw [you will write]
ɔ bɛkyerɛw [she will write]
yɛ bɛkyerɛw [we will write]
mo bɛkyerɛw [you and you will write]
wɔ bɛkyerɛw [they will write]

kyɛ - share

TODAY
me rekyɛ [I am sharing]
wo rekyɛ [you are sharing]
ɔ rekyɛ [she is sharing]
yɛ rekyɛ [we are sharing]
mo rekyɛ [you and you are sharing]
wɔ rekyɛ [they are sharing]

YESTERDAY
me kyɛee [I shared]
wo kyɛee [you shared]
ɔ kyɛee [she shared]
yɛ kyɛee [we shared]
mo kyɛee [you and you shared]
wɔ kyɛee [they shared]

TOMORROW
me bɛkyɛ [I will share]
wo bɛkyɛ [you will share]
ɔ bɛkyɛ [she will share]
yɛ bɛkyɛ [we will share]
mo bɛkyɛ [you and you will share]
wɔ bɛkyɛ [they will share]

kyia - greet

TODAY
me rekyia [I am greeting]
wo rekyia [you are greeting]
ɔ rekyia [she is greeting]
yɛ rekyia [we are greeting]
mo rekyia [you and you are greeting]
wɔ rekyia [they are greeting]

YESTERDAY
me kyiaee [I greeted]
wo kyiaee [you greeted]
ɔ kyiaee [she greeted]
yɛ kyiaee [we greeted]
mo kyiaee [you and you greeted]
wɔ kyiaee [they greeted]

TOMORROW
me bɛkyia [I will greet]
wo bɛkyia [you will greet]
ɔ bɛkyia [she will greet]
yɛ bɛkyia [we will greet]
mo bɛkyia [you and you will greet]
wɔ bɛkyia [they will greet]

kyiri - hate

TODAY
me rekyiri [I am hating]
wo rekyiri [you are hating]
ɔ rekyiri [she is hating]
yɛ rekyiri [we are hating]
mo rekyiri [you and you are hating]
wɔ rekyiri [they are hating]

YESTERDAY
me kyiriee [I hated]
wo kyiriee [you hated]
ɔ kyiriee [she hated]
yɛ kyiriee [we hated]
mo kyiriee [you and you hated]
wɔ kyiriee [they hated]

TOMORROW
me bɛkyiri [I will hate]
wo bɛkyiri [you will hate]
ɔ bɛkyiri [she will hate]
yɛ bɛkyiri [we will hate]
mo bɛkyiri [you and you will hate]
wɔ bɛkyiri [they will hate]

ma - give

TODAY
me rema [I am giving]
wo rema [you are giving]
ɔ rema [she is giving]
yɛ rema [we are giving]
mo rema [you and you are giving]
wɔ rema [they are giving]

YESTERDAY
me maee [I gave]
wo maee [you gave]
ɔ maee [she gave]
yɛ maee [we gave]
mo maee [you and you gave]
wɔ maee [they gave]

TOMORROW
me bɛma [I will give]
wo bɛma [you will give]
ɔ bɛma [she will give]
yɛ bɛma [we will give]
mo bɛma [you and you will give]
wɔ bɛma [they will give]

ma - let

TODAY
me rema [I am letting]
wo rema [you are letting]
ɔ rema [she is letting]
yɛ rema [we are letting]
mo rema [you and you are letting]
wɔ rema [they are letting]

YESTERDAY
me maee [I let]
wo maee [you let]
ɔ maee [she let]
yɛ maee [we let]
mo maee [you and you let]
wɔ maee [they let]

TOMORROW
me bɛma [I will let]
wo bɛma [you will let]
ɔ bɛma [she will let]
yɛ bɛma [we will let]
mo bɛma [you and you will let]
wɔ bɛma [they will let]

nantew - walk

TODAY
me renantew [I am walking]
wo renantew [you are walking]
ɔ renantew [she is walking]
yɛ renantew [we are walking]
mo renantew [you and you are walking]
wɔ renantew [they are walking]

YESTERDAY
me nantewee [I walked]
wo nantewee [you walked]
ɔ nantewee [she walked]
yɛ nantewee [we walked]
mo nantewee [you and you walked]
wɔ nantewee [they walked]

TOMORROW
me bɛnantew [I will walk]
wo bɛnantew [you will walk]
ɔ bɛnantew [she will walk]
yɛ bɛnantew [we will walk]
mo bɛnantew [you and you will walk]
wɔ bɛnantew [they will walk]

noa - cook

TODAY
me renoa [I am cooking]
wo renoa [you are cooking]
ɔ renoa [she is cooking]
yɛ renoa [we are cooking]
mo renoa [you and you are cooking]
wɔ renoa [they are cooking]

YESTERDAY
me noaee [I cooked]
wo noaee [you cooked]
ɔ noaee [she cooked]
yɛ noaee [we cooked]
mo noaee [you and you cooked]
wɔ noaee [they cooked]

TOMORROW
me bɛnoa [I will cook]
wo bɛnoa [you will cook]
ɔ bɛnoa [she will cook]
yɛ bɛnoa [we will cook]
mo bɛnoa [you and you will cook]
wɔ bɛnoa [they will cook]

nom - drink

TODAY
me renom [I am drinking]
wo renom [you are drinking]
ɔ renom [she is drinking]
yɛ renom [we are drinking]
mo renom [you and you are drinking]
wɔ renom [they are drinking]

YESTERDAY
me nomee [I drank]
wo nomee [you drank]
ɔ nomee [she drank]
yɛ nomee [we drank]
mo nomee [you and you drank]
wɔ nomee [they drank]

TOMORROW
me bɛnom [I will drink]
wo bɛnom [you will drink]
ɔ bɛnom [she will drink]
yɛ bɛnom [we will drink]
mo bɛnom [you and you will drink]
wɔ bɛnom [they will drink]

nyim - know

TODAY
me renyim [I am knowing]
wo renyim [you are knowing]
ɔ renyim [she is knowing]
yɛ renyim [we are knowing]
mo renyim [you and you are knowing]
wɔ renyim [they are knowing]

YESTERDAY
me nyimee [I knew]
wo nyimee [you knew]
ɔ nyimee [she knew]
yɛ nyimee [we knew]
mo nyimee [you and you knew]
wɔ nyimee [they knew]

TOMORROW
me bɛnyim [I will know]
wo bɛnyim [you will know]
ɔ bɛnyim [she will know]
yɛ bɛnyim [we will know]
mo bɛnyim [you and you will know]
wɔ bɛnyim [they will know]

nyin - grow

TODAY
me renyin [I am growing]
wo renyin [you are growing]
ɔ renyin [she is growing]
yɛ renyin [we are growing]
mo renyin [you and you are growing]
wɔ renyin [they are growing]

YESTERDAY
me nyinee [I growed]
wo nyinee [you growed]
ɔ nyinee [she growed]
yɛ nyinee [we growed]
mo nyinee [you and you growed]
wɔ nyinee [they growed]

TOMORROW
me bɛnyin [I will grow]
wo bɛnyin [you will grow]
ɔ bɛnyin [she will grow]
yɛ bɛnyin [we will grow]
mo bɛnyin [you and you will grow]
wɔ bɛnyin [they will grow]

pɛ - want

TODAY
me repɛ [I am wanting]
wo repɛ [you are wanting]
ɔ repɛ [she is wanting]
yɛ repɛ [we are wanting]
mo repɛ [you and you are wanting]
wɔ repɛ [they are wanting]

YESTERDAY
me pɛee [I wanted]
wo pɛee [you wanted]
ɔ pɛee [she wanted]
yɛ pɛee [we wanted]
mo pɛee [you and you wanted]
wɔ pɛee [they wanted]

TOMORROW
me bɛpɛ [I will want]
wo bɛpɛ [you will want]
ɔ bɛpɛ [she will want]
yɛ bɛpɛ [we will want]
mo bɛpɛ [you and you will want]
wɔ bɛpɛ [they will want]

pia - push

TODAY
me repia [I am pushing]
wo repia [you are pushing]
ɔ repia [she is pushing]
yɛ repia [we are pushing]
mo repia [you and you are pushing]
wɔ repia [they are pushing]

YESTERDAY
me piaee [I pushed]
wo piaee [you pushed]
ɔ piaee [she pushed]
yɛ piaee [we pushed]
mo piaee [you and you pushed]
wɔ piaee [they pushed]

TOMORROW
me bɛpia [I will push]
wo bɛpia [you will push]
ɔ bɛpia [she will push]
yɛ bɛpia [we will push]
mo bɛpia [you and you will push]
wɔ bɛpia [they will push]

sa - finish

TODAY
me resa [I am finishing]
wo resa [you are finishing]
ɔ resa [she is finishing]
yɛ resa [we are finishing]
mo resa [you and you are finishing]
wɔ resa [they are finishing]

YESTERDAY
me saee [I finished]
wo saee [you finished]
ɔ saee [she finished]
yɛ saee [we finished]
mo saee [you and you finished]
wɔ saee [they finished]

TOMORROW
me bɛsa [I will finish]
wo bɛsa [you will finish]
ɔ bɛsa [she will finish]
yɛ bɛsa [we will finish]
mo bɛsa [you and you will finish]
wɔ bɛsa [they will finish]

sa - heal

TODAY
me resa [I am healing]
wo resa [you are healing]
ɔ resa [she is healing]
yɛ resa [we are healing]
mo resa [you and you are healing]
wɔ resa [they are healing]

YESTERDAY
me saee [I healed]
wo saee [you healed]
ɔ saee [she healed]
yɛ saee [we healed]
mo saee [you and you healed]
wɔ saee [they healed]

TOMORROW
me bɛsa [I will heal]
wo bɛsa [you will heal]
ɔ bɛsa [she will heal]
yɛ bɛsa [we will heal]
mo bɛsa [you and you will heal]
wɔ bɛsa [they will heal]

saw - dance

TODAY
me resaw [I am dancing]
wo resaw [you are dancing]
ɔ resaw [she is dancing]
yɛ resaw [we are dancing]
mo resaw [you and you are dancing]
wɔ resaw [they are dancing]

YESTERDAY
me sawee [I danced]
wo sawee [you danced]
ɔ sawee [she danced]
yɛ sawee [we danced]
mo sawee [you and you danced]
wɔ sawee [they danced]

TOMORROW
me bɛsaw [I will dance]
wo bɛsaw [you will dance]
ɔ bɛsaw [she will dance]
yɛ bɛsaw [we will dance]
mo bɛsaw [you and you will dance]
wɔ bɛsaw [they will dance]

se - say

TODAY
me rese [I am saying]
wo rese [you are saying]
ɔ rese [she is saying]
yɛ rese [we are saying]
mo rese [you and you are saying]
wɔ rese [they are saying]

YESTERDAY
me seee [I said]
wo seee [you said]
ɔ seee [she said]
yɛ seee [we said]
mo seee [you and you said]
wɔ seee [they said]

TOMORROW
me bɛse [I will say]
wo bɛse [you will say]
ɔ bɛse [she will say]
yɛ bɛse [we will say]
mo bɛse [you and you will say]
wɔ bɛse [they will say]

serew - laugh

TODAY
me reserew [I am laughing]
wo reserew [you are laughing]
ɔ reserew [she is laughing]
yɛ reserew [we are laughing]
mo reserew [you and you are laughing]
wɔ reserew [they are laughing]

YESTERDAY
me serewee [I laughed]
wo serewee [you laughed]
ɔ serewee [she laughed]
yɛ serewee [we laughed]
mo serewee [you and you laughed]
wɔ serewee [they laughed]

TOMORROW
me bɛserew [I will laugh]
wo bɛserew [you will laugh]
ɔ bɛserew [she will laugh]
yɛ bɛserew [we will laugh]
mo bɛserew [you and you will laugh]
wɔ bɛserew [they will laugh]

sese - measure

TODAY
me resese [I am measuring]
wo resese [you are measuring]
ɔ resese [she is measuring]
yɛ resese [we are measuring]
mo resese [you and you are measuring]
wɔ resese [they are measuring]

YESTERDAY
me seseee [I measured]
wo seseee [you measured]
ɔ seseee [she measured]
yɛ seseee [we measured]
mo seseee [you and you measured]
wɔ seseee [they measured]

TOMORROW
me bɛsese [I will measure]
wo bɛsese [you will measure]
ɔ bɛsese [she will measure]
yɛ bɛsese [we will measure]
mo bɛsese [you and you will measure]
wɔ bɛsese [they will measure]

sɛe - destroy

TODAY
me resɛe [I am destroying]
wo resɛe [you are destroying]
ɔ resɛe [she is destroying]
yɛ resɛe [we are destroying]
mo resɛe [you and you are destroying]
wɔ resɛe [they are destroying]

YESTERDAY
me sɛeee [I destroyed]
wo sɛeee [you destroyed]
ɔ sɛeee [she destroyed]
yɛ sɛeee [we destroyed]
mo sɛeee [you and you destroyed]
wɔ sɛeee [they destroyed]

TOMORROW
me bɛsɛe [I will destroy]
wo bɛsɛe [you will destroy]
ɔ bɛsɛe [she will destroy]
yɛ bɛsɛe [we will destroy]
mo bɛsɛe [you and you will destroy]
wɔ bɛsɛe [they will destroy]

si - wash

TODAY
me resi [I am washing]
wo resi [you are washing]
ɔ resi [she is washing]
yɛ resi [we are washing]
mo resi [you and you are washing]
wɔ resi [they are washing]

YESTERDAY
me siee [I washed]
wo siee [you washed]
ɔ siee [she washed]
yɛ siee [we washed]
mo siee [you and you washed]
wɔ siee [they washed]

TOMORROW
me bɛsi [I will wash]
wo bɛsi [you will wash]
ɔ bɛsi [she will wash]
yɛ bɛsi [we will wash]
mo bɛsi [you and you will wash]
wɔ bɛsi [they will wash]

si - build

TODAY
me resi [I am building]
wo resi [you are building]
ɔ resi [she is building]
yɛ resi [we are building]
mo resi [you and you are building]
wɔ resi [they are building]

YESTERDAY
me siee [I built]
wo siee [you built]
ɔ siee [she built]
yɛ siee [we built]
mo siee [you and you built]
wɔ siee [they built]

TOMORROW
me bɛsi [I will build]
wo bɛsi [you will build]
ɔ bɛsi [she will build]
yɛ bɛsi [we will build]
mo bɛsi [you and you will build]
wɔ bɛsi [they will build]

soa - carry

TODAY
me resoa [I am carrying]
wo resoa [you are carrying]
ɔ resoa [she is carrying]
yɛ resoa [we are carrying]
mo resoa [you and you are carrying]
wɔ resoa [they are carrying]

YESTERDAY
me soaee [I carried]
wo soaee [you carried]
ɔ soaee [she carried]
yɛ soaee [we carried]
mo soaee [you and you carried]
wɔ soaee [they carried]

TOMORROW
me bɛsoa [I will carry]
wo bɛsoa [you will carry]
ɔ bɛsoa [she will carry]
yɛ bɛsoa [we will carry]
mo bɛsoa [you and you will carry]
wɔ bɛsoa [they will carry]

soɛr - rise

TODAY
me resoɛr [I am rising]
wo resoɛr [you are rising]
ɔ resoɛr [she is rising]
yɛ resoɛr [we are rising]
mo resoɛr [you and you are rising]
wɔ resoɛr [they are rising]

YESTERDAY
me soɛree [I rose]
wo soɛree [you rose]
ɔ soɛree [she rose]
yɛ soɛree [we rose]
mo soɛree [you and you rose]
wɔ soɛree [they rose]

TOMORROW
me bɛsoɛr [I will rise]
wo bɛsoɛr [you will rise]
ɔ bɛsoɛr [she will rise]
yɛ bɛsoɛr [we will rise]
mo bɛsoɛr [you and you will rise]
wɔ bɛsoɛr [they will rise]

soɛre - rise

TODAY
me resoɛre [I am rising]
wo resoɛre [you are rising]
ɔ resoɛre [she is rising]
yɛ resoɛre [we are rising]
mo resoɛre [you and you are rising]
wɔ resoɛre [they are rising]

YESTERDAY
me soɛreee [I rose]
wo soɛreee [you rose]
ɔ soɛreee [she rose]
yɛ soɛreee [we rose]
mo soɛreee [you and you rose]
wɔ soɛreee [they rose]

TOMORROW
me bɛsoɛre [I will rise]
wo bɛsoɛre [you will rise]
ɔ bɛsoɛre [she will rise]
yɛ bɛsoɛre [we will rise]
mo bɛsoɛre [you and you will rise]
wɔ bɛsoɛre [they will rise]

soma - send

TODAY
me resoma [I am sending]
wo resoma [you are sending]
ɔ resoma [she is sending]
yɛ resoma [we are sending]
mo resoma [you and you are sending]
wɔ resoma [they are sending]

YESTERDAY
me somaee [I sent]
wo somaee [you sent]
ɔ somaee [she sent]
yɛ somaee [we sent]
mo somaee [you and you sent]
wɔ somaee [they sent]

TOMORROW
me bɛsoma [I will send]
wo bɛsoma [you will send]
ɔ bɛsoma [she will send]
yɛ bɛsoma [we will send]
mo bɛsoma [you and you will send]
wɔ bɛsoma [they will send]

su - cry

TODAY
me resu [I am crying]
wo resu [you are crying]
ɔ resu [she is crying]
yɛ resu [we are crying]
mo resu [you and you are crying]
wɔ resu [they are crying]

YESTERDAY
me suee [I cried]
wo suee [you cried]
ɔ suee [she cried]
yɛ suee [we cried]
mo suee [you and you cried]
wɔ suee [they cried]

TOMORROW
me bɛsu [I will cry]
wo bɛsu [you will cry]
ɔ bɛsu [she will cry]
yɛ bɛsu [we will cry]
mo bɛsu [you and you will cry]
wɔ bɛsu [they will cry]

sua - learn

TODAY
me resua [I am learning]
wo resua [you are learning]
ɔ resua [she is learning]
yɛ resua [we are learning]
mo resua [you and you are learning]
wɔ resua [they are learning]

YESTERDAY
me suaee [I learned]
wo suaee [you learned]
ɔ suaee [she learned]
yɛ suaee [we learned]
mo suaee [you and you learned]
wɔ suaee [they learned]

TOMORROW
me bɛsua [I will learn]
wo bɛsua [you will learn]
ɔ bɛsua [she will learn]
yɛ bɛsua [we will learn]
mo bɛsua [you and you will learn]
wɔ bɛsua [they will learn]

susu - measure

TODAY
me resusu [I am measuring]
wo resusu [you are measuring]
ɔ resusu [she is measuring]
yɛ resusu [we are measuring]
mo resusu [you and you are measuring]
wɔ resusu [they are measuring]

YESTERDAY
me susuee [I measured]
wo susuee [you measured]
ɔ susuee [she measured]
yɛ susuee [we measured]
mo susuee [you and you measured]
wɔ susuee [they measured]

TOMORROW
me bɛsusu [I will measure]
wo bɛsusu [you will measure]
ɔ bɛsusu [she will measure]
yɛ bɛsusu [we will measure]
mo bɛsusu [you and you will measure]
wɔ bɛsusu [they will measure]

te - live

TODAY
me rete [I am living]
wo rete [you are living]
ɔ rete [she is living]
yɛ rete [we are living]
mo rete [you and you are living]
wɔ rete [they are living]

YESTERDAY
me teee [I lived]
wo teee [you lived]
ɔ teee [she lived]
yɛ teee [we lived]
mo teee [you and you lived]
wɔ teee [they lived]

TOMORROW
me bɛte [I will live]
wo bɛte [you will live]
ɔ bɛte [she will live]
yɛ bɛte [we will live]
mo bɛte [you and you will live]
wɔ bɛte [they will live]

te - hear

TODAY
me rete [I am hearing]
wo rete [you are hearing]
ɔ rete [she is hearing]
yɛ rete [we are hearing]
mo rete [you and you are hearing]
wɔ rete [they are hearing]

YESTERDAY
me teee [I heard]
wo teee [you heard]
ɔ teee [she heard]
yɛ teee [we heard]
mo teee [you and you heard]
wɔ teee [they heard]

TOMORROW
me bɛte [I will hear]
wo bɛte [you will hear]
ɔ bɛte [she will hear]
yɛ bɛte [we will hear]
mo bɛte [you and you will hear]
wɔ bɛte [they will hear]

te ... ase - understand

TODAY
me rete ... ase [I am understanding]
wo rete ... ase [you are understanding]
ɔ rete ... ase [she is understanding]
yɛ rete ... ase [we are understanding]
mo rete ... ase [you and you are understanding]
wɔ rete ... ase [they are understanding]

YESTERDAY
me te ... aseee [I understood]
wo te ... aseee [you understood]
ɔ te ... aseee [she understood]
yɛ te ... aseee [we understood]
mo te ... aseee [you and you understood]
wɔ te ... aseee [they understood]

TOMORROW
me bɛte ... ase [I will understand]
wo bɛte ... ase [you will understand]
ɔ bɛte ... ase [she will understand]
yɛ bɛte ... ase [we will understand]
mo bɛte ... ase [you and you will understand]
wɔ bɛte ... ase [they will understand]

tena - sit

TODAY
me retena [I am sitting]
wo retena [you are sitting]
ɔ retena [she is sitting]
yɛ retena [we are sitting]
mo retena [you and you are sitting]
wɔ retena [they are sitting]

YESTERDAY
me tenaee [I sat]
wo tenaee [you sat]
ɔ tenaee [she sat]
yɛ tenaee [we sat]
mo tenaee [you and you sat]
wɔ tenaee [they sat]

TOMORROW
me bɛtena [I will sit]
wo bɛtena [you will sit]
ɔ bɛtena [she will sit]
yɛ bɛtena [we will sit]
mo bɛtena [you and you will sit]
wɔ bɛtena [they will sit]

tow - throw

TODAY
me retow [I am throwing]
wo retow [you are throwing]
ɔ retow [she is throwing]
yɛ retow [we are throwing]
mo retow [you and you are throwing]
wɔ retow [they are throwing]

YESTERDAY
me towee [I threw]
wo towee [you threw]
ɔ towee [she threw]
yɛ towee [we threw]
mo towee [you and you threw]
wɔ towee [they threw]

TOMORROW
me bɛtow [I will throw]
wo bɛtow [you will throw]
ɔ bɛtow [she will throw]
yɛ bɛtow [we will throw]
mo bɛtow [you and you will throw]
wɔ bɛtow [they will throw]

tow - sing

TODAY
me retow [I am singing]
wo retow [you are singing]
ɔ retow [she is singing]
yɛ retow [we are singing]
mo retow [you and you are singing]
wɔ retow [they are singing]

YESTERDAY
me towee [I sang]
wo towee [you sang]
ɔ towee [she sang]
yɛ towee [we sang]
mo towee [you and you sang]
wɔ towee [they sang]

TOMORROW
me bɛtow [I will sing]
wo bɛtow [you will sing]
ɔ bɛtow [she will sing]
yɛ bɛtow [we will sing]
mo bɛtow [you and you will sing]
wɔ bɛtow [they will sing]

tow ... mu - close

TODAY
me retow ... mu [I am closing]
wo retow ... mu [you are closing]
ɔ retow ... mu [she is closing]
yɛ retow ... mu [we are closing]
mo retow ... mu [you and you are closing]
wɔ retow ... mu [they are closing]

YESTERDAY
me tow ... muee [I closed]
wo tow ... muee [you closed]
ɔ tow ... muee [she closed]
yɛ tow ... muee [we closed]
mo tow ... muee [you and you closed]
wɔ tow ... muee [they closed]

TOMORROW
me bɛtow ... mu [I will close]
wo bɛtow ... mu [you will close]
ɔ bɛtow ... mu [she will close]
yɛ bɛtow ... mu [we will close]
mo bɛtow ... mu [you and you will close]
wɔ bɛtow ... mu [they will close]

tɔ - buy

TODAY
me retɔ [I am buying]
wo retɔ [you are buying]
ɔ retɔ [she is buying]
yɛ retɔ [we are buying]
mo retɔ [you and you are buying]
wɔ retɔ [they are buying]

YESTERDAY
me tɔee [I bought]
wo tɔee [you bought]
ɔ tɔee [she bought]
yɛ tɔee [we bought]
mo tɔee [you and you bought]
wɔ tɔee [they bought]

TOMORROW
me bɛtɔ [I will buy]
wo bɛtɔ [you will buy]
ɔ bɛtɔ [she will buy]
yɛ bɛtɔ [we will buy]
mo bɛtɔ [you and you will buy]
wɔ bɛtɔ [they will buy]

tɔ - fall

TODAY
me retɔ [I am falling]
wo retɔ [you are falling]
ɔ retɔ [she is falling]
yɛ retɔ [we are falling]
mo retɔ [you and you are falling]
wɔ retɔ [they are falling]

YESTERDAY
me tɔee [I fell]
wo tɔee [you fell]
ɔ tɔee [she fell]
yɛ tɔee [we fell]
mo tɔee [you and you fell]
wɔ tɔee [they fell]

TOMORROW
me bɛtɔ [I will fall]
wo bɛtɔ [you will fall]
ɔ bɛtɔ [she will fall]
yɛ bɛtɔ [we will fall]
mo bɛtɔ [you and you will fall]
wɔ bɛtɔ [they will fall]

tɔn - sell

TODAY
me retɔn [I am selling]
wo retɔn [you are selling]
ɔ retɔn [she is selling]
yɛ retɔn [we are selling]
mo retɔn [you and you are selling]
wɔ retɔn [they are selling]

YESTERDAY
me tɔnee [I sold]
wo tɔnee [you sold]
ɔ tɔnee [she sold]
yɛ tɔnee [we sold]
mo tɔnee [you and you sold]
wɔ tɔnee [they sold]

TOMORROW
me bɛtɔn [I will sell]
wo bɛtɔn [you will sell]
ɔ bɛtɔn [she will sell]
yɛ bɛtɔn [we will sell]
mo bɛtɔn [you and you will sell]
wɔ bɛtɔn [they will sell]

tu - fly

TODAY
me retu [I am flying]
wo retu [you are flying]
ɔ retu [she is flying]
yɛ retu [we are flying]
mo retu [you and you are flying]
wɔ retu [they are flying]

YESTERDAY
me tuee [I flew]
wo tuee [you flew]
ɔ tuee [she flew]
yɛ tuee [we flew]
mo tuee [you and you flew]
wɔ tuee [they flew]

TOMORROW
me bɛtu [I will fly]
wo bɛtu [you will fly]
ɔ bɛtu [she will fly]
yɛ bɛtu [we will fly]
mo bɛtu [you and you will fly]
wɔ bɛtu [they will fly]

tu nguan - run

TODAY
me retu nguan [I am running]
wo retu nguan [you are running]
ɔ retu nguan [she is running]
yɛ retu nguan [we are running]
mo retu nguan [you and you are running]
wɔ retu nguan [they are running]

YESTERDAY
me tu nguanee [I ran]
wo tu nguanee [you ran]
ɔ tu nguanee [she ran]
yɛ tu nguanee [we ran]
mo tu nguanee [you and you ran]
wɔ tu nguanee [they ran]

TOMORROW
me bɛtu nguan [I will run]
wo bɛtu nguan [you will run]
ɔ bɛtu nguan [she will run]
yɛ bɛtu nguan [we will run]
mo bɛtu nguan [you and you will run]
wɔ bɛtu nguan [they will run]

twa - cut

TODAY
me retwa [I am cutting]
wo retwa [you are cutting]
ɔ retwa [she is cutting]
yɛ retwa [we are cutting]
mo retwa [you and you are cutting]
wɔ retwa [they are cutting]

YESTERDAY
me twaee [I cut]
wo twaee [you cut]
ɔ twaee [she cut]
yɛ twaee [we cut]
mo twaee [you and you cut]
wɔ twaee [they cut]

TOMORROW
me bɛtwa [I will cut]
wo bɛtwa [you will cut]
ɔ bɛtwa [she will cut]
yɛ bɛtwa [we will cut]
mo bɛtwa [you and you will cut]
wɔ bɛtwa [they will cut]

twe - pull

TODAY
me retwe [I am pulling]
wo retwe [you are pulling]
ɔ retwe [she is pulling]
yɛ retwe [we are pulling]
mo retwe [you and you are pulling]
wɔ retwe [they are pulling]

YESTERDAY
me tweee [I pulled]
wo tweee [you pulled]
ɔ tweee [she pulled]
yɛ tweee [we pulled]
mo tweee [you and you pulled]
wɔ tweee [they pulled]

TOMORROW
me bɛtwe [I will pull]
wo bɛtwe [you will pull]
ɔ bɛtwe [she will pull]
yɛ bɛtwe [we will pull]
mo bɛtwe [you and you will pull]
wɔ bɛtwe [they will pull]

tweɔn - wait

TODAY
me retweɔn [I am waiting]
wo retweɔn [you are waiting]
ɔ retweɔn [she is waiting]
yɛ retweɔn [we are waiting]
mo retweɔn [you and you are waiting]
wɔ retweɔn [they are waiting]

YESTERDAY
me tweɔnee [I waited]
wo tweɔnee [you waited]
ɔ tweɔnee [she waited]
yɛ tweɔnee [we waited]
mo tweɔnee [you and you waited]
wɔ tweɔnee [they waited]

TOMORROW
me bɛtweɔn [I will wait]
wo bɛtweɔn [you will wait]
ɔ bɛtweɔn [she will wait]
yɛ bɛtweɔn [we will wait]
mo bɛtweɔn [you and you will wait]
wɔ bɛtweɔn [they will wait]

ware - marry

TODAY
me reware [I am marrying]
wo reware [you are marrying]
ɔ reware [she is marrying]
yɛ reware [we are marrying]
mo reware [you and you are marrying]
wɔ reware [they are marrying]

YESTERDAY
me wareee [I married]
wo wareee [you married]
ɔ wareee [she married]
yɛ wareee [we married]
mo wareee [you and you married]
wɔ wareee [they married]

TOMORROW
me bɛware [I will marry]
wo bɛware [you will marry]
ɔ bɛware [she will marry]
yɛ bɛware [we will marry]
mo bɛware [you and you will marry]
wɔ bɛware [they will marry]

wia - steal

TODAY
me rewia [I am stealing]
wo rewia [you are stealing]
ɔ rewia [she is stealing]
yɛ rewia [we are stealing]
mo rewia [you and you are stealing]
wɔ rewia [they are stealing]

YESTERDAY
me wiaee [I stole]
wo wiaee [you stole]
ɔ wiaee [she stole]
yɛ wiaee [we stole]
mo wiaee [you and you stole]
wɔ wiaee [they stole]

TOMORROW
me bɛwia [I will steal]
wo bɛwia [you will steal]
ɔ bɛwia [she will steal]
yɛ bɛwia [we will steal]
mo bɛwia [you and you will steal]
wɔ bɛwia [they will steal]

woo - birth

TODAY
me rewoo [I am birthing]
wo rewoo [you are birthing]
ɔ rewoo [she is birthing]
yɛ rewoo [we are birthing]
mo rewoo [you and you are birthing]
wɔ rewoo [they are birthing]

YESTERDAY
me wooee [I birthed]
wo wooee [you birthed]
ɔ wooee [she birthed]
yɛ wooee [we birthed]
mo wooee [you and you birthed]
wɔ wooee [they birthed]

TOMORROW
me bɛwoo [I will birth]
wo bɛwoo [you will birth]
ɔ bɛwoo [she will birth]
yɛ bɛwoo [we will birth]
mo bɛwoo [you and you will birth]
wɔ bɛwoo [they will birth]

wosow - shake

TODAY
me rewosow [I am shaking]
wo rewosow [you are shaking]
ɔ rewosow [she is shaking]
yɛ rewosow [we are shaking]
mo rewosow [you and you are shaking]
wɔ rewosow [they are shaking]

YESTERDAY
me wosowee [I shook]
wo wosowee [you shook]
ɔ wosowee [she shook]
yɛ wosowee [we shook]
mo wosowee [you and you shook]
wɔ wosowee [they shook]

TOMORROW
me bɛwosow [I will shake]
wo bɛwosow [you will shake]
ɔ bɛwosow [she will shake]
yɛ bɛwosow [we will shake]
mo bɛwosow [you and you will shake]
wɔ bɛwosow [they will shake]

wɔ - have

TODAY
me rewɔ [I am having]
wo rewɔ [you are having]
ɔ rewɔ [she is having]
yɛ rewɔ [we are having]
mo rewɔ [you and you are having]
wɔ rewɔ [they are having]

YESTERDAY
me wɔee [I had]
wo wɔee [you had]
ɔ wɔee [she had]
yɛ wɔee [we had]
mo wɔee [you and you had]
wɔ wɔee [they had]

TOMORROW
me bɛwɔ [I will have]
wo bɛwɔ [you will have]
ɔ bɛwɔ [she will have]
yɛ bɛwɔ [we will have]
mo bɛwɔ [you and you will have]
wɔ bɛwɔ [they will have]

wu - die

TODAY
me rewu [I am dying]
wo rewu [you are dying]
ɔ rewu [she is dying]
yɛ rewu [we are dying]
mo rewu [you and you are dying]
wɔ rewu [they are dying]

YESTERDAY
me wuee [I died]
wo wuee [you died]
ɔ wuee [she died]
yɛ wuee [we died]
mo wuee [you and you died]
wɔ wuee [they died]

TOMORROW
me bɛwu [I will die]
wo bɛwu [you will die]
ɔ bɛwu [she will die]
yɛ bɛwu [we will die]
mo bɛwu [you and you will die]
wɔ bɛwu [they will die]

yɛ - make

TODAY
me reyɛ [I am making]
wo reyɛ [you are making]
ɔ reyɛ [she is making]
yɛ reyɛ [we are making]
mo reyɛ [you and you are making]
wɔ reyɛ [they are making]

YESTERDAY
me yɛee [I made]
wo yɛee [you made]
ɔ yɛee [she made]
yɛ yɛee [we made]
mo yɛee [you and you made]
wɔ yɛee [they made]

TOMORROW
me bɛyɛ [I will make]
wo bɛyɛ [you will make]
ɔ bɛyɛ [she will make]
yɛ bɛyɛ [we will make]
mo bɛyɛ [you and you will make]
wɔ bɛyɛ [they will make]

yɛ - do

TODAY
me reyɛ [I am doing]
wo reyɛ [you are doing]
ɔ reyɛ [she is doing]
yɛ reyɛ [we are doing]
mo reyɛ [you and you are doing]
wɔ reyɛ [they are doing]

YESTERDAY
me yɛee [I did]
wo yɛee [you did]
ɔ yɛee [she did]
yɛ yɛee [we did]
mo yɛee [you and you did]
wɔ yɛee [they did]

TOMORROW
me bɛyɛ [I will do]
wo bɛyɛ [you will do]
ɔ bɛyɛ [she will do]
yɛ bɛyɛ [we will do]
mo bɛyɛ [you and you will do]
wɔ bɛyɛ [they will do]

yɛ - be

TODAY
me reyɛ [I am being]
wo reyɛ [you are being]
ɔ reyɛ [she is being]
yɛ reyɛ [we are being]
mo reyɛ [you and you are being]
wɔ reyɛ [they are being]

YESTERDAY
me yɛee [I was]
wo yɛee [you were]
ɔ yɛee [she were]
yɛ yɛee [we were]
mo yɛee [you and you were]
wɔ yɛee [they were]

TOMORROW
me bɛyɛ [I will be]
wo bɛyɛ [you will be]
ɔ bɛyɛ [she will be]
yɛ bɛyɛ [we will be]
mo bɛyɛ [you and you will be]
wɔ bɛyɛ [they will be]

Akan kasahorow

0-7 years

- My First Akan Dictionary
- My First Akan Counting Book
- My First Akan Story
- Akan Children's Dictionary
- Everyday Akan Rhymes

8-12 years

- Modern Akan Verbs
- Modern Akan
- Akan Learner's Dictionary

13+ years

- Modern Akan Dictionary
- Modern Akan Bible

help@kasahorow.org

Made in the USA
San Bernardino, CA
21 July 2019